U0576622

楊晨 念 《道德經》

杨 晨⊙主编／朗读

中華書局

图书在版编目(CIP)数据

杨晨念《道德经》/ 杨晨主编 / 朗读. —北京：中华书局,2014.7

ISBN 978 - 7 - 101- 09865 - 5

Ⅰ. 杨… Ⅱ. 杨… Ⅲ. 《道德经》—朗诵—语言艺术 Ⅳ. ①B223.1②H019

中国版本图书馆 CIP数据核字(2013)第 277661 号

书　　名	杨晨念《道德经》	
主编朗读	杨　晨	
责任编辑	包　岩　何明昕	
出版发行	中华书局	
	（北京市丰台区太平桥西里38 号 100073）	
	http://www.zhbc.com.cn	
	E-mail:zhbc@zhbc.com.cn	
印　　刷	北京天来印务有限公司	
版　　次	2014 年 7 月北京第 1 版	
	2014 年 7 月北京第 1 次印刷	
规　　格	开本 /880×1230 毫米　1/32	
	印张 4⅛　字数 100 千字	
印　　数	1–10000 册	
国际书号	ISBN 978 - 7 - 101-09865- 5	
定　　价	26.00 元	

目　录

序

阳光清晨试念经

001

做了十二年电台主持人，发行了四张人声专辑，做了三场"杨晨说话"会。三十六岁了，该怎么继续生活下去呢？说什么话？录什么音？录一版《道德经》吧，录成我脑海里的样子，十月的一天我突然这么想。

进入三十六岁，发现自己突然可以坐得住了。主动去翻那些从来不怎么看，也静不下心去仔细看的古书，查字典，并真的享受这个过程。还是不怎么看得懂《道德经》，但这一次，那些那样码放在一起的字，在我的脑海里立体，鲜活，并飞或者说呼之欲出了起来。它们有的像士兵，有的像小溪，有的像咖啡豆，还有的像雪花，有的念起来构成唇齿之间一种从未有过，但很过瘾的摩擦。气味上的体验也随之产生，很自由安稳，感到一种不差毫厘的美。

002

我决定录这样一版《道德经》，首先，它是好听的，甚至是爱谁谁的，你可能随时对它听而不闻。是的，它绝不打扰你做事，但当你一转身的时候，它就清晰地，轻轻地出现在你耳边；它一定没有至少是我小时候对于古汉语的以下印象：深奥，复杂，严肃，不可喘大气，伴随着古乐，洪亮而掷地有声，一种声情并茂的朗诵。我甚至希望，听了之后，你都未觉得它是经。我还做不到把它录得像水，那它会是什么样子呢？我喜欢那种外皮厚而干硬，长势旺盛的树，满手攥上去，冰凉而厚重。我还喜欢冬天里飘下来的一片雪花。它就是那种冰凉的感觉吧。

003

其实，原本是有些私心的。错过了学生时代的那一课，现在想背下《道德经》着实需要时间，也有点难。那就把它录成盘再随身听，或者放在车里随时听吧。有和我一样需求的朋友一定不少，那就好好鼓捣鼓捣，然后和大家一起分享吧，就作为我们学习中国古代智慧的第一课。从小就喜欢声音，后来说话又成了我的工作。一直努力让自己的声音成为自己想要的样子，并不断跳出来想客观地去倾听和评价它。对，它就是我的面孔，它是有故事的，我想要把它写出来。我不是学播音的，没有很好的先天条件，也不具备大而宏亮的嗓门，直至现在，也没法像那些所有磁性而宏亮的声音一样去做事。

004

当年我很苦恼，但这根本没法改变，于是我就试着像 90 年代末流行的一些快乐的声音一样，热情而亢奋地去主持，虽然那不是我，但至少在形式上，我勉强做得到，也必须得去做。

直 到 有 一 天，我 第 一 次 听 到 David Arkenstone 的世界音乐，那让我惊为天人，被深深震撼，并且，在那一刹那，我突然开窍了。

我即刻开始用最小的声音，在自己最舒服的音域说话，不再学任何人，也不再梦想有一天可以去念台标：您现在收看的是某某某电视台。而从那一刻，我人生中的第一个节目《悦耳调频》被很多人喜欢，开始有很多人说我的声音如何如何好听，我也拥有了自己所谓的主持风格——阳光清晨。

005

在国际台的《网络调频》停播后，我来到北京交通台工作，之前已经有了所谓被认可的阳光清晨风格，就是在自己最舒服、最擅长的位置做自己，不关民生，只说文艺。

可是，到交通台后，我的工作变成了快速地播报路况，经常调侃各种家长里短，和各位大厨师谈论美食。当时主持"一路畅通"和"美食风尚",这是我最不擅长的,我害怕自己再没机会回到阳光清晨的年代。我郁闷,也抱怨,但又有什么用呢?做吧!后来,后来好歹,不管怎样我坚持下来了,适应了,大家也适应了。虽然我内心深处的郁闷并没有停止过。

006

三年后,当我再次在一个节目里客串一把文艺的时候,我第二次开窍了。我突然明白,让一个人成长最好的办法其实根本不是让他做最擅长的事,而是做最不擅长的事。不是让他顺利,而是让他负重。拿我举例说:各种调侃的说话方式,以及和各种人的交谈,用本来音域之外的声音说话,大大地拓展了我声音的宽度和厚度，这是我那三年里并未觉察的，也是别的训练达不到的效果，再念风月，再回阳光清晨，我发现一种前所未有的游刃有余，并添了一种备而不用的力量。

后来，一直有去进修一下的心思，但朋友们都劝我别去，他们都希望我保持原生态。但我也有所困扰，因为我所谓原生态的声音非常接近自然的说话状态，听起来实在不象是训练出来的"艺术"。自然度是够了，但它缺少相应的响度和穿透力，就像通俗唱法和美声唱法的差别。

007

从小就喜欢武术。

2009年，我跟一个朋友去学意拳。因为老师说站桩对身体好，我就稀里糊涂地站了一年桩，一年后才突然知道我的老师其实是国内顶尖的武术家——内家拳的高手姚承荣先生。而站桩也让我的身体更加放松，精力充沛。那是突然的某一天，我不知从哪里来了那么充沛的底气，与之前的生命体验完全不同。老师的一句话点醒了我：力在拳外求。

原来是踏破铁鞋无觅处，得来全不费工夫啊！于是，我继续学习并练习意拳，参照它来解决说话过程中的一些困惑和问题，渐渐解决了之前说的那个如何让响度和自然度并存的状态。朋友们说我像个孩子，在自己的世界里自说自话，无忧无虑，不作他想，哭的难过也乐的快，对感兴趣的事滔滔不绝，单纯而自在。其实我倒没想那么多，只是单纯地想把我说给你听。

《道德经》原典

第壹章

道可道，非常道；名可名，非常名。无，名天地之始，有，名万物之母。故常无，欲以观其妙；常有，欲以观其徼。

此两者，同出而异名，同谓之玄。玄之又玄，众妙之门。

第貳章

天下皆知美之为美，斯恶已；皆知善之为善，斯不善已。有无相生，难易相成，长短相形，高下相倾，音声相和，前后相随，恒也。

是以圣人处无为之事，行不言之教；万物作而弗始，生而弗有，为而弗恃，**功成而弗居**。夫唯弗居，是以不去。

第叁章

不尚贤，使民不争；不贵难得之货，使民不为盗；不见可欲，使民心不乱。

是以圣人之治，虚其心，实其腹，弱其志，强其骨。常使民无知无欲，使夫智者不敢为也。**为无为，则无不治。**

第⑷章

　　道冲，而用之或不盈，**渊兮，似万物之宗**。（挫其锐，解其纷，和其光,同其尘。）湛兮，似或存。

　　吾不知谁之子，象帝之先。

第⑤章

天地不仁，以万物为刍狗；圣人不仁，以百姓为刍狗。

天地之间，其犹橐籥乎？ 虚而不屈，动而愈出。**多言数穷，不如守中**。

第（陆）章

谷神不死，是谓"玄牝"。**玄牝之门，是谓天地根**。绵绵若存，用之不勤。

第（柒）章

天长地久。**天地所以能长且久者，以其不自生，故能长生**。

是以圣人后其身而身先；外其身而身存。以其无私，故能成其私。

第⑧章

　　上善若水。水善利万物而不争，处众人之所恶，故几于道。

　　居善地，心善渊，与善仁，言善信，政善治，事善能，动善时。

　　夫唯不争，故无尤。

第⑨章

持而盈之，不如其已；

揣而锐之，不可长保。

金玉满堂，莫之能守；

富贵而骄，自遗其咎。

功遂身退，天之道也。

第⑩章

载营魄抱一，能无离乎？

专气致柔，能如婴儿乎？

涤除玄鉴，能无疵乎？

爱民治国，能无为乎？

天门开阖，能为雌乎？

明白四达，能无知乎？

（生之畜之。生而不有，为而不恃，长而不宰，是谓"玄德"。）

第（拾壹）章

三十辐共一毂，当其无，有车之用。

埏埴以为器，当其无，有器之用。

凿户牖以为室，当其无，有室之用。

故有之以为利，无之以为用。

第 (拾贰) 章

五色令人目盲，五音令人耳聋，五味令人口爽，驰骋畋猎令人心发狂，难得之货令人行妨。

是以圣人为腹不为目，故去彼取此。

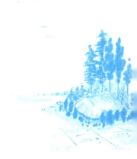

第〔拾叁〕章

宠辱若惊，贵大患若身。

何谓宠辱若惊？宠为上，辱为下；得之若惊，失之若惊，是谓宠辱若惊。

何谓贵大患若身？吾所以有大患者，为吾有身；及吾无身，吾有何患？

故贵以身为天下，若可寄天下；爱以身为天下，若可托天下。

第 拾肆 章

视之不见,名曰"夷";听之不闻,名曰"希";搏之不得,名曰"微"。此三者不可致诘,故混而为一。其上不皦,其下不昧,绳绳兮不可名,复归于无物。是谓无状之状,无物之象,是谓"惚恍"。迎之不见其首,随之不见其后。

执古之道,以御今之有。**能知古始,是谓道纪。**

第（拾伍）章

古之善为道者，微妙玄通，深不可识。夫唯不可识，故强为之容；

豫兮，若冬涉川；犹兮，若畏四邻；俨兮，其若客；

涣兮，其若凌释；敦兮，其若朴；旷兮，其若谷；

浑兮，其若浊；〔澹兮，其若海；飂兮，若无止。〕

孰能浊以静之徐清？孰能安以动之徐生？

保此道者，不欲盈。夫唯不盈，故能蔽而新成。

第（拾陆）章

致虚极，守静笃。

万物并作，吾以观复。

夫物芸芸，各归其根。归根曰"静"，静曰"复命"。复命曰"常"，知常曰"明"。不知"常"，妄作凶。

知"常""容"，容乃公，公乃全，全乃天，天乃道，道乃久，没身不殆。

第（拾柒）章

太上，不知有之；其次，亲而誉之；其次，畏之；其次，侮之。信不足焉，有不信焉。

悠分其贵言。功成事遂，百姓皆谓："我自然。"

第（拾捌）章

大道废，有仁义；智慧出，有大伪；六亲不和，有孝慈；国家昏乱，有忠臣。

第 拾玖 章

　　绝圣弃智，民利百倍；**绝仁弃义，民复孝慈**；绝巧弃利，盗贼无有。此三者，以为文，不足。故令有所属：见素抱朴，少私寡欲，绝学无忧。

第 贰拾 章

唯之与阿，相去几何？美之与恶，相去若何？人之所畏，不可不畏。荒兮其未央哉！

众人熙熙，如享太牢，如春登台；我独泊兮，其未兆。

沌沌兮，如婴儿之未孩；傫傫兮，若无所归。

众人皆有余，而我独若遗，我愚人之心也哉！

俗人昭昭，我独昏昏；俗人察察，我独闷闷。（澹兮其若海，飂兮若无止。）

众人皆有以，而我独顽且鄙。

我独异于人，而贵食母。

第 贰拾壹 章

孔德之容，惟道是从。

道之为物，惟恍惟惚。惚兮恍兮，其中有象；恍兮惚兮，其中有物。窈兮冥兮，其中有精；其精甚真，其中有信。

自今及古，其名不去，以阅众甫。吾何以知众甫之状哉？以此。

第 貳拾貳 章

曲则全，枉则直，洼则盈，敝则新，少则得，多则惑。

是以圣人抱一为天下式。不自见，故明；不自是，故彰；不自伐，故有功；不自矜，故长。

夫唯不争，故天下莫能与之争。古之所谓"曲则全"者，岂虚言哉？诚全而归之。

第 貳拾叁 章

　　希言自然。故飘风不终朝，骤雨不终日。孰为此者？天地。天地尚不能久，而况于人乎？

　　故从事于道者，同于道；德者，同于德；失者，同于失。同于道者，道亦乐得之；同于德者，德亦乐得之；**同于失者，失亦乐得之。**

　　（信不足焉，有不信焉。）

第 貳拾肆 章

　　企者不立，跨者不行。自见者，不明；自是者，不彰；自伐者，无功；**自矜者，不长**。

　　其在道也，曰："余食赘行，物或恶之。"故有道者不处。

第 貳拾伍 章

　　有物混成，先天地生。寂兮寥兮，独立而不改，周行而不殆，可以为天地母。吾不知其名，强字之曰"道"，强为之名曰"大"。大曰"逝"，逝曰"远"，远曰"反"。

　　故道大，天大，地大，人亦大。域中有四大，而人居其一焉。

　　人法地，地法天，天法道，道法自然。

第貳拾陆章

重为轻根，静为躁君。是以君子终日行不离辎重。

虽有荣观，燕处超然。奈何万乘之主而以身轻天下？

轻则失根，躁则失君。

第 贰拾柒 章

　　善行，无辙迹；善言，无瑕谪；善数，不用筹策；善闭，无关楗而不可开；善结，无绳约而不可解。

　　是以圣人常善救人，故无弃人；常善救物，故无弃物。是谓"袭明"。

　　故善人者不善人之师，**不善人者善人之资**。不贵其师，不爱其资，虽智大迷，是谓"要妙"。

第 贰拾捌 章

　　知其雄，守其雌，为天下溪。为天下溪，常德不离，复归于婴儿。

　　知其白，（守其黑，为天下式。为天下式，常德不忒，复归于无极。知其荣，）守其辱，为天下谷。**为天下谷，常德乃足，复归于朴。**

　　朴散则为器，圣人用之，则为官长，故大制不割。

第 貳拾玖 章

　　将欲取天下而为之，吾见其不得已。天下神器，不可为也，不可执也。**为者败之，执者失之**。〔是以圣人无为，故无败；无执，故无失。〕

　　夫物，或行或随，或嘘或吹，或强或羸，或载或隳。是以圣人去甚，去奢，去泰。

第（叁拾）章

以道佐人主者，不以兵强天下。其事好还。师之所处，荆棘生焉。**大军之后，必有凶年。**

善有果而已，不敢以取强。果而勿矜，果而勿伐，果而勿骄，果而不得已，果而勿强。

物壮则老，是谓不道。不道早已。

第 叁拾壹 章

夫兵者，不祥之器，物或恶之，故有道者不处。

君子居则贵左，用兵则贵右。兵者不祥之器，非君子之器，不得已而用之，恬淡为上。胜而不美，而美之者，是乐杀人。**夫乐杀人者，则不可以得志于天下矣。**

吉事尚左，凶事尚右。偏将军居左，上将军居右，言以丧礼处之。杀人之众，以哀悲泣之；战胜，以丧礼处之。

第 叁拾贰 章

　　道常无名，朴。虽小，天下莫能臣。侯王若能守之，万物将自宾。

　　天地相合，以降甘露，**民莫之令而自均**。

　　始制有名，名亦既有，夫亦将知止，知止可以不殆。譬道之在天下，犹川谷之于江海。

第 叁拾叁 章

知人者智，自知者明。

胜人者有力，自胜者强。

知足者富。

强行者有志。

不失其所者久。

死而不亡者寿。

第 叁拾肆 章

大道氾兮，其可左右。万物恃之生而不辞，功成而不有。衣被万物而不为主，可名于"小"；万物归焉而不为主，可名为"大"。以其终不自为大，故能成其大。

第 叁拾伍 章

执大象，天下往。**往而不害，安平泰**。

乐与饵，过客止。道之出口，淡乎其无味，视之不足见，听之不足闻，用之不足既。

第 叁拾陆 章

　　将欲歙之，必固张之；将欲弱之，必固强之；将欲废之，必固举之；将欲取之，必固与之。是谓"微明"。

　　柔弱胜刚强。

　　鱼不可脱于渊，国之利器不可以示人。

第 叁拾柒 章

道常无为而无不为。

侯王若能守之，万物将自化。化而欲作，吾将镇之以无名之朴。镇之以无名之朴，夫将不欲。不欲以静，天下将自正。

第 叁拾捌 章

上德不德，是以有德；下德不失德，是以无德。

上德无为而无以为；下德无为而有以为。

上仁为之而无以为；上义为之而有以为。

上礼为之而莫之应，则攘臂而扔之。

故失道而后德，失德而后仁，失仁而后义，失义而后礼。夫礼者，忠信之薄，而乱之首。

前识者，道之华，而愚之始。**是以大丈夫处其厚，不居其薄**；处其实，不居其华。故去彼取此。

第 叁拾玖 章

　　昔之得一者——天得一以清，地得一以宁，神得一以灵，谷得一以盈，万物得一以生，侯王得一以为天下正。

　　其致之也，天无以清，将恐裂；地无以宁，将恐废；神无以灵，将恐歇；谷无以盈，将恐竭；万物无以生，将恐灭；**侯王无以正，将恐蹶**。

　　故贵以贱为本，高以下为基。是以侯王自称孤、寡、不榖。此非以贱为本邪？非乎？故至誉无誉。是故不欲琭琭如玉，珞珞如石。

第（肆拾）章

反者，道之动；弱者，道之用。

天下万物生于"有"，"有"生于"无"。

第 肆拾壹 章

　　上士闻道，勤而行之；中士闻道，若存若亡；下士闻道，大笑之。——不笑，不足以为道。

　　故建言有之：

　　明道若昧，进道若退，夷道若纇。

　　上德若谷，广德若不足，建德若偷，质真若渝。

　　大白若辱，大方无隅，大器晚成。

　　大音希声，大象无形，道隐无名。

　　夫唯道，善贷且成。

第（肆拾贰）章

道生一，一生二，二生三，三生万物。

万物负阴而抱阳，冲气以为和。

（人之所恶，唯孤、寡、不穀，而王公以为称。故物或损之而益，或益之而损。人之所教，我亦教之。强梁者不得其死，吾将以为教父。）

第 肆拾叁 章

天下之至柔,驰骋天下之至坚。无有入无间。
吾是以知无为之有益。

不言之教,无为之益,天下希及之。

第 肆拾肆 章

名与身孰亲？身与货孰多？得与亡孰病？

甚爱必大费，多藏必厚亡。

故知足不辱，知止不殆，可以长久。

第 肆拾伍 章

大成若缺，其用不弊。

大盈若冲，其用不穷。

大直若屈，大巧若拙，大辩若讷，大赢若绌。

静胜躁，寒胜热。清静，为天下正。

第 肆拾陆 章

　　天下有道，却走马以粪；**天下无道，戎马生于郊**。

　　祸莫大于不知足，咎莫大于欲得。故知足之足，常足矣。

第 肆拾柒 章

不出户,知天下;不窥牖,见天道。其出弥远,其知弥少。

是以圣人不行而知,不见而名,不为而成。

第 肆拾捌 章

　　为学日益，为道日损。损之又损，以至于无为。

　　无为而无不为。取天下常以无事，及其有事，不足以取天下。

第肆拾玖章

圣人常无心，以百姓心为心。

善者，吾善之；不善者，吾亦善之，德善。

信者，吾信之；不信者，吾亦信之，德信。

圣人在天下，歙歙焉，为天下浑其心。**百姓皆注其耳目，圣人皆孩之。**

第（伍拾）章

　　出生入死。生之徒，十有三；死之徒，十有三；人之生，动之于死地，亦十有三。夫何故？以其生生之厚。

　　盖闻善摄生者，陆行不遇兕虎，入军不被甲兵；兕无所投其角，虎无所用其爪，兵无所容其刃。**夫何故？以其无死地。**

第 伍拾壹 章

道生之，德畜之，物形之，势成之。是以万物莫不尊道而贵德。**道之尊，德之贵，夫莫之命而常自然。**

故道生之，德畜之。长之育之，亭之毒之，养之覆之。〔生而不有，为而不恃，长而不宰，是谓"玄德"。〕

第（伍拾贰）章

天下有始，以为天下母。既得其母，以知其子；既知其子，复守其母。没身不殆。

塞其兑，闭其门，终身不勤；开其兑，济其事，终身不救。

见小曰"明"，守柔曰"强"。用其光，复归其明，无遗身殃，是为"袭常"。

第 伍拾叁 章

使我介然有知，行于大道，唯施是畏。

大道甚夷，而人好径。朝甚除，田甚芜，仓甚虚；服文彩，带利剑，厌饮食，财货有余，是为夸盗。非道也哉！

第 伍拾肆 章

善建者不拔,善抱者不脱,子孙以祭祀不辍。

修之于身,其德乃真;修之于家,其德乃余;修之于乡,其德乃长;修之于邦,其德乃丰;修之于天下,其德乃普。

故以身观身,以家观家,以乡观乡,以邦观邦,以天下观天下。吾何以知天下之然哉?以此。

第〔伍拾伍〕章

含德之厚，比于赤子。毒虫不螫，猛兽不据，攫鸟不搏。骨弱筋柔而握固，未知牝牡之合而朘作，精之至也。终日号而不嗄，和之至也。

知和曰常，知常曰明。益生曰祥，心使气曰强。

物壮则老，谓之不道。不道早已。

第（伍拾陆）章

知者不言，言者不知。

（塞其兑，闭其门，）〔挫其锐，解其纷，和其光，同其尘，〕是谓"玄同"。

故不可得而亲，不可得而疏；不可得而利，不可得而害；不可得而贵，不可得而贱，故为天下贵。

第 伍拾柒 章

以正治国，以奇用兵，以无事取天下。吾何以知其然哉？以此：天下多忌讳，而民弥贫；人多利器，国家滋昏；人多伎巧，奇物滋起；**法令滋彰，盗贼多有**。

故圣人云："我无为，而民自化；我好静，而民自正；我无事，而民自富；我无欲，而民自朴。"

第（伍拾捌）章

其政闷闷，其民淳淳；**其政察察，其民缺缺**。

祸兮，福之所倚；福兮，祸之所伏。孰知其极？其无正也。正复为奇，善复为妖。人之迷，其日固久。

是以圣人方而不割，廉而不刿，直而不肆，光而不耀。

第⑤拾玖章

治人事天，莫若啬。

夫唯啬，是谓早服；早服，谓之重积德；重积德，则无不克；无不克，则莫知其极；莫知其极，可以有国；有国之母，可以长久。是谓深根固柢、长生久视之道。

第 陆拾 章

治大国，若烹小鲜。

以道莅天下，其鬼不神。非其鬼不神，其神不伤人；非其神不伤人，圣人亦不伤人。夫两不相伤，故德交归焉。

第 陆拾壹 章

　　大邦者下流，天下之牝，天下之交也。牝常以静胜牡，以静为下。

　　故大邦以下小邦，则取小邦；小邦以下大邦，则取大邦。故或下以取，或下而取。大邦不过欲兼畜人，小邦不过欲入事人，**夫两者各得所欲。大者宜为下**。

第 陆拾贰 章

道者，万物之奥。**善人之宝，不善人之所保**。

美言可以市尊，美行可以加人。人之不善，何弃之有？故立天子，置三公，虽有拱璧以先驷马，不如坐进此道。

古之所以贵此道者何？不曰：求以得，有罪以免邪？故为天下贵。

第（陆拾叁）章

为无为，事无事，味无味。

大小多少。（报怨以德。）图难于其易，为大于其细。天下难事，必作于易；天下大事，必作于细。是以圣人终不为大，故能成其大。

夫轻诺必寡信，多易必多难。是以圣人犹难之，故终无难矣。

第（陆拾肆）章

　　其安易持，其未兆易谋；其脆易泮，其微易散。为之于未有，治之于未乱。

　　合抱之木，生于毫末；九层之台，起于累土；千里之行，始于足下。

　　（为者败之，执者失之。是以圣人无为，故无败；无执，故无失。）

　　民之从事，常于几成而败之。慎终如始，则无败事。

　　（是以圣人欲不欲，不贵难得之货；学不学，复众人之所过。以辅万物之自然，而不敢为。）

第 陆拾伍 章

古之善为道者，非以明民，将以愚之。

民之难治，以其智多。故以智治国，国之贼；不以智治国，国之福。

知此两者，亦稽式。常知稽式，是谓"玄德"。"玄德"深矣，远矣，与物反矣，然后乃至大顺。

第陆拾陆章

江海所以能为百谷王者，以其善下之，故能为百谷王。

是以圣人欲上民，必以言下之；欲先民，必以身后之。是以圣人处上而民不重，处前而民不害，是以天下乐推而不厌。以其不争，故天下莫能与之争。

第 陆拾柒 章

（天下皆谓我："道大，似不肖。"夫唯大，故似不肖。若肖，久矣其细也夫！）

我有三宝，持而保之：一曰慈，二曰俭，三曰不敢为天下先。慈，故能勇；俭，故能广；不敢为天下先，故能成器长。

今舍慈且勇，舍俭且广，舍后且先，死矣！

夫慈，以战则胜，以守则固。天将救之，以慈卫之。

第 陆拾捌 章

善为士者，不武；善战者，不怒；善胜敌者，不与；**善用人者，为之下**。是谓不争之德，是谓用人之力，是谓配天，古之极也。

第（陆拾玖）章

用兵有言："吾不敢为主，而为客；不敢进寸，而退尺。"是谓行无行，攘无臂，扔无敌，执无兵。

祸莫大于轻敌，轻敌几丧吾宝。
故抗兵相若，哀者胜矣。

第七十章

吾言甚易知,甚易行。天下莫能知,莫能行。

言有宗,事有君。夫唯无知,是以不我知。

知我者希,则我者贵。是以圣人被褐而怀玉。

第 柒拾壹 章

知不知，尚矣；不知知，病也。**圣人不病，以其病病**。夫唯病病，是以不病。

第 柒拾贰 章

民不畏威，则大威至。

无狎其所居，无厌其所生。夫唯不厌，是以不厌。

是以圣人自知不自见，自爱不自贵。故去彼取此。

第 柒拾叁 章

　　勇于敢则杀，勇于不敢则活。此两者，或利或害。天之所恶，孰知其故？（是以圣人犹难之。）

　　天之道，不争而善胜，不言而善应，不召而自来，繟然而善谋。

　　天网恢恢，疏而不失。

第 柒拾肆 章

民不畏死，奈何以死惧之？若使民常畏死，而为奇者，吾得执而杀之，孰敢？

常有司杀者杀。夫代司杀者杀，是谓代大匠斫。夫代大匠斫者，希有不伤其手矣。

第 柒拾伍 章

民之饥，以其上食税之多，是以饥。

民之难治，以其上之有为，是以难治。

民之轻死，以其上求生之厚，是以轻死。

夫唯无以生为者，是贤于贵生。

第 柒拾陆 章

　　人之生也柔弱，其死也坚强；草木之生也柔脆，其死也枯槁。故坚强者死之徒，柔弱者生之徒。

　　是以兵强则灭，木强则折。**强大处下，柔弱处上。**

第 柒拾柒 章

　　天之道，其犹张弓与？高者抑之，下者举之；有余者损之，不足者补之。

　　天之道，损有余而补不足；人之道则不然，损不足以奉有余。

　　孰能有余以奉天下？唯有道者。

　　（是以圣人为而不恃，功成而不处，其不欲见贤。）

第 柒拾捌 章

天下莫柔弱于水，而攻坚强者莫之能胜，以其无以易之。

弱之胜强，柔之胜刚，天下莫不知，莫能行。

是以圣人云："受国之垢，是谓社稷主；受国不祥，是为天下王。"正言若反。

第 柒拾玖 章

　　和大怨，必有余怨，〔报怨以德，〕安可以
为善？

　　是以圣人执左契，而不责于人。有德司契，
无德司彻。

　　天道无亲，常与善人。

第 捌拾 章

　　小国寡民。使有什伯之器而不用，使民重死而不远徙。虽有舟舆，无所乘之；虽有甲兵，无所陈之。**使人复结绳而用之**。

　　甘其食，美其服，安其居，乐其俗。邻国相望，鸡犬之声相闻，民至老死，不相往来。

第捌拾壹章

信言不美，美言不信。

善者不辩，辩者不善。

知者不博，博者不知。

圣人不积，既以为人，己愈有；既以与人，己愈多。

天之道，利而不害；圣人之道，为而不争。

我读·我悟

放松，做个好孩子。

练声有助于增强声音的共鸣，但会失掉些声音原本的自然。我没学过也没练过，这保持了我声音的自然，但，自然的声音缺乏相应的穿透力。如何让声音保持最放松并兼具最大的响度。我一直在思考。后来有人告诉我，这种兼得是可以呈现的：孩子的声音就是这样的。对，放松，做个孩子。

我悟：

"骨弱筋柔而握固。"孩子的力量很大，是最自然、最原始的状态。借鉴这句话，就形成了我所谓的播音风格。我喜欢自然，自然的同时不需要特意制造穿透力，一切的训练会让你变得不自然。我在现场的声音，有点儿像在"婴儿频道"，当你心意相合的时候，不需要你最大的声音。

在自然的状态下，扬起的灰尘都是干净的。

我悟：

在保利演出，需要在偌大的一个舞台上说话，形体该怎么控制，我是没有受过所谓训练的。于是，依然用了那个最偷懒的办法：放松，想干吗干吗，平常说话，不是也得走，也有动作嘛。道法自然。当你在放松的时候，一切各归其位。如果有太多强硬的技术，那是不美的。

　　这些年,我做的访谈节目都是在夜里 11 点,这不是收听率很高的时段,也不怎么给人做宣传,但依然有很多大艺术家愿意上我的节目。说实话,我一直不很明白为什么。今天我才真正明白:

人最大的精神需求是被倾听和理解。

我悟:

"古之善为道者,微妙玄通,深不可识。"人们有时候会做太多无用功。自然交流释放的能量,才是最大。

声音是一种无所不包的载体，它与影像一样，是人生与历史的记录；声音更是一种感天动地的艺术，它与绘画一样，充满了直指人心的激情。

我悟：

"天地之间，其犹橐籥乎？"我看到了天地间，"虚而不屈，动而愈出"，这句话会提示你的声音要有灵魂。当我看到这句话的时候，感到声音里有情，也会有爱。有点儿像禅悟，让声音顿时开窍。"橐籥"这两个字，就是幅大画，蕴藏着巨大的能量。

　　意拳的"发力"，就是传说中的谈笑间将人弹出数米外的内家功夫。其实，发力是身体瞬间整体协调性和力道的迅猛干脆所反映的内在美。技击，那只是武术的末技。

我悟：

力在拳外求。你想做好一件事儿，让你声音发力很好，不一定要去练技巧，而是"专气致柔"。

　　水墨可以作画，流沙可以作画，声音亦可以作画。

　　我在说话的时候，脑海中是有画的，它们来自我的旅途。

我悟：

"万物负阴而抱阳，冲气以为和。"这一阴一阳，这负阴抱阳让我想起在新疆大地上见过的两棵树：一颗金黄，一棵翠绿。当地人说，他们就是有意把这一对情侣种在一起，形成了辽阔大地上最动人的风景。这是我对阴阳的一种最直观的认识。

新的电脑屏保带着哗哗的流水声，在屋外听见，总让我觉得书房里真的有一池清碧的泉水。其实，这和屋子里真的有一股清泉没什么区别，这是用声音把水"借"来了。就像有的夜晚，我们可以在水杯里借到月亮。

我悟：

五色令人目盲，现在太多的艺术太在意外在形式，难道真的要在舞台上造个月亮？其实简简单单，便别有洞天。所以，念《道德经》，我选择了一把吉他，仅仅是一把吉他来呈现，呈现时空。眼花缭乱是乱人魂魄的，你只要愿意，简单就好，简单，宛若在天堂。

窃以为：所谓说话，句之间空白处那段听不到的声音，那段空白的长与短，扬或抑，哪怕只不同了几分之一秒，便真正决定着天上或地下，出众或平常。

我悟：

那几分之一秒的差别、顿挫，不是你学来的，就像是《笑傲江湖》里的那段古琴曲，也不是你照着谱子来的，其中的空白与顿挫又一次证明了道法自然。声断情连，意断神连。所谓"绵绵若存，用之不勤。"

有人说话，根本不用使劲；有些发音，用嗓子就够；声音过了话筒很苍白是因为气息不够；有些字和音若想发到位，心肺得有劲儿，比如专门念某些字词可以养气；若全身都会说话，这样就出了神和气韵；再有，就是忘了说话地说话，自然流淌。

我悟：

自然之术，也是养生之术。你发某些音的时候，其实是肺和心在发力，大喊大叫并不代表你身体健康。"大音希声"是不是这个道理？长的好看的字念出来一定养生，比如：太阳，河水。但"魑魅魍魉"这样的字，读来就不那么舒服。

录一段声音，就像在打造一件青花瓷。若有微小齿音，摩擦音或喷话筒，就相当于有气泡和小瑕疵；语调的扬抑，就是色彩的明暗；情绪的变化，就是线条的变化。语速，相当于青花瓷不同部位的薄厚；而气息是原料，直接决定了青花瓷的品质，和够不够用，决定瓷器结不结实。收得住尾音并控制得了几微秒的长短高低，也就相当于雕出了神采。

我悟：

好的声音，应该用来念好的文字，什么是好的文字？《道德经》是。但，以往想到它总是关联着权威、严肃等字眼，而这一次，我们仅仅呈现文字的韵律之美。最美的声音应该呈现最美的文字，最美的韵律。

　　慢慢明白了一个道理：准备一场演出，根本不在于台词是不是背熟了，流程是不是通顺了。而是在这个过程中，你是如何面对一个又一个突如其来的困难、障碍和心魔。其实，最终在舞台上呈现的，是那颗经历了整个艰难的过程，但依然平静和充满爱的心。

我悟：

录《道德经》也是这样一个享受的过程，一切都应该慢慢来。"九层之台，起于累土"，要一步一步来，一步一步来。

我无法让我喜欢的电台节目不停播，我没能力阻止我常去的咖啡馆被拆，我没资格请求你或者他不变，我拦不住我爱的人被诱惑……这么多年，我只能掌控住自己坚持和不变。

我悟：

"圣人抱一为天下式。"你想到这句话的时候，你就有坚持自己的力量。有时候坚持自己很难，我做这件事，也是抱守一个信念，坚持做一件事，这是最大的力量。

我可以咽下这口气。

有句话说：我就是咽不下这口气。我猜，是说话的人身体不够好，若气血通畅，气息自会下沉，每个细胞都能完成充分呼吸，全身便无阻碍。反过来，若能在心理上咽下这口气，呼吸自然也会随着下沉，到丹田，自然就打通了那些阻滞着的经脉。遂，周身舒爽。

我悟：

"静胜躁，寒胜热。清静为天下正。"

头上没有星星，生活在城市里的我们有多孤单，总是接不到地气儿。

我悟：

"人法地，地法天，天法道，道法自然。"每当我到了星空下，脾气也会变得柔和，声音也会变得自然，所有的坏脾气就会痊愈，这就是自然的力量。你要和天地顺和，该冷的冷，该热的热。

　　点燃这种野草绳冒出的烟很浓很呛，整个院子都不敢有蚊虫逼近。但我对这种烟却从不抗拒，甚至很喜欢。这次回来我想明白一件事：其实我并不迷恋宗教，我只是信仰自然。

我悟：

道法自然的又一个例证。我从小在艾草里长大，所以我的血液里是有这种味道的。我喜欢它，我的声音里是有青草是有炊烟的。我皈依的是自然，我小的时候就浸润在自然之中。

所谓看面相、手相，批八字、改名字、布风水，心理疏导或者催眠，等等等等，最牛的是：谁能在你心里种下一颗能在你那里长大的种子。

我悟：

因为我热爱自然，所以，种下了一个自然的念头。种下一个善的念头，一切就都会生出善，生出自然。你相信了一个人，他说了一句话在你心里，有时就在你心里播种了。有很多人在我心里播过种子。他们说，你应该做这件事。这个种子很重要，它发芽了，长大了，于是有了这本书，这段声音。

地铁时急时缓，拐弯或者晃动，猛刹车或者缓缓点刹，两节车厢连接处缓冲带匀速或急速扭动，这些都是练习"站桩"的最好道具，为找平衡和六面力提供了最好的模拟力量。站桩是为了找"劲儿"，找到了就是找到了，这与是不是天天站在那儿没什么关系。

我悟：

"被褐而怀玉。"听说，很多高人就是在公车上练习的。就像健身，你不用去健身房，其实在哪儿都能练，甚至是在厨房做菜，形式并不重要。

每天早上，睁开眼的刹那，都仿若新生。

早安，亲！早安，世界！

我悟：

一睡一醒，难道不是一死一生吗？

最早听说"意拳"，以为就是形意拳，后来知道，其实是两回事。第一次听到这两个字的人都会问：太神了！那就是用"意"，用脑子打拳了？

至今不知为何命名为"意"，但后来听说有个境界，叫：意到力到。

练拳时，我一动不动，其实我在想象背后有水推过来，我出的拳其实指向你身后的高山。力透敌背，是"意"透了过去。

我悟：

"不出户，知天下。"脑海里的翻江倒海是可以带你到处神游的。

不一定非要结婚，也不一定非要单身。心中有爱，即使形单影只，也有无数人和你同行；心中有恨，即使前呼后拥，你也只是孤家寡人。

我悟：

"善者不辩，辩者不善。"不说了，你的行动胜过你的语言。

　　觉睡少了、话说多了、锻炼少了、饭吃顶了，这些都容易耗气，然后就身体不适。严严冬日，应该闭藏，安住本心多重要。

我悟：

"多言数穷，不如守中。"人们常问自己生了什么病，而不问自己是怎么病的。就好像话说多了也会病，其实少说点儿就好。

　　小寒养生：如果中国功夫是 10，那么 1 到 9 都是站桩，当你站到 3 的时候，身体就已经非常非常好了。打架厉害，不全是因为技巧，通常是因为自身足够健康，并平衡。

我悟：

"圣人抱一为天下式。"我声音的功底，不是播音，是意拳的底子。我站了三年桩，站过来的。把桩站好了，就什么都有了。

　　说话或唱歌时，有些字音能发的饱满，但有意发瘪，是种本事，这样的本事可以重建一个气场，比如常石磊。韦唯在评论他时说："两次离调式的进入，高潮先用淡淡的弦乐铺开，然后再慢慢进入，都需要极强大的气息支撑，亦可以重建一个气场。"

我悟：

"将欲歙之，必固张之；将欲弱之，必固强之。"反之，想唱一首大气的歌，反而可以慢慢来，以小见大。

突然想起十几年前的广播，没有短信互动，主持人对着话筒说话，并不知谁在听，但声音营造出一个很大的时空。有人说，那是种和石头说话，让花草树木动容的能力，颇有禅意。

我悟：

"道之为物，惟恍惟惚，惚兮恍兮，其中有象。"这禅意是惚恍中的象吧。

　　那句"众妙之门"，把"门"的音量调大一点，门就开了；"妙"字的喉音稍微薄了点，口水声略重。好在事先录了几十个不同语气的版本，定能选出最优。

我悟：

"道生一，一生二，二生三，三生万物。"把声音录的有魂，有"一"，录成 RAW 格式，就是那能生出"二"以及万物的"一"吧。

这段是在略微疲惫的时候录的，反倒录出了一种催眠的效果，失眠的朋友可以听听看，听完就困。

我悟：

放松无极限。如果你在感冒的时候录音，你不要以为你录出的音不好，你更自然。那时候身体痛苦，你就愿意放弃更多的技术，所以你更接近自然。

　　夜很深了，一车人依然颠簸在长路上，让我想起小时候坐绿皮火车穿越哈尔盖、海石湾。常有人问我是用什么技巧录出那些片花的，我说，没有技巧，我心里一直是有情的，只要我闭上眼睛，便有黑土地、星空、草原、故乡和亲人。

我悟：

所以我相信我念的《道德经》里，是有泥土有故乡有星空的，还有藏匿在人们内心深处对自然的感情。很多人说听一个东西无感，而我，也没有什么办法，但我的声音里有故乡和土地，所以拿出来给大家分享，你也许会有共鸣。

关于音乐，和这本书

曾经，我想要用古琴来做道德经的背景音乐，很多人也认为古琴最合适。如果真的用了古琴，那它便是一个绝对的主角。它和我的声音在一起，其实，就会变成各走各的，无法成为现在的样子。

本书引用的《道德经》原典的版本来自中华书局 2006 年版的《老子》，其正文中有圆括号标注之处，按饶尚宽先生的注释，应为错简当删；文中有方括号标注之处，应为错简漏排，此处当加。我则无论当删当加，均照实念来，如有争议，只好请方家自行判断。

现在你们听到的《道德经》里的配乐，是

吉他。因为它不争，不抢，"水善利万物而不争"。两三弦的拨动，水一样的音乐，看似漫不经心，把自己隐藏起来，用最巧妙的方法营造了一种浑然天成的意境。

我还要感谢好多人，在我工作的这些年，我遇到过很多人，他们是镜子，帮助我跳出来看到自己，了解自己。有太多太多的人在我心里播下了种子。感谢他们赐予我的无量功德，感谢这些人造就了这样一个我。他们在我身上，释放了很多他们的期许和梦想，以及他们自己的经历。